AF359690

LE
TRIBUNAL INVISIBLE,

OU

LE FILS CRIMINEL,

MÉLO-DRAME EN 3 ACTES, MÊLÉ DE PANTOMIME, CHANTS ET DANSES.

PAROLES DE J. G. A. CUVELIER,

Associé correspondant de la Société Philotechnique.

MUSIQUE DE QUAISAIN.

BALLETS DE RICHARD.

Représenté, pour la première fois, sur le théâtre de l'Ambigu-Comique, le 10 floréal an X. — 30 avril 1802.

Rarò antecedentem scelestum deseruit pede pœna claudo.

HORACE.

Imitation libre :

La justice est tardive;
Mais on la fait en vain;
A pas lents elle arrive,
Et punit à la fin.

A PARIS.

SE VEND AU THÉÂTRE.

AN X. — 1802.

PERSONNAGES.	ACTEURS.
LE COMTE DE HEIDELBERG, sous le nom de RIXHEM,	JOIGNY.
LE BARON ÉVRARD DE HEIDELBERG,	TAUTIN.
FRANCKBAR, confident du baron, et capitaine de ses gardes,	DEFRESNE.
SCHWARTZ, maître d'une mine de fer,	DUMONT.
ASTOLPHE, cru fils d'Yollande,	M.lle LOUISE ESTELLE.
YOLLANDE, paysanne,	M.lle BOURGEOIS.
GOGLUG, fils d'Yollande,	RAFFILE.
KRETLE, fille de Schwartz,	M.lle PLANTÉ.
UN PREMIER SOLDAT, parlant,	CORSE.
UN SECOND SOLDAT, parlant,	DELAPORTE.
UN HEIDUQUE,	MELCHIOR.
UN PREMIER OFFICIER DE GARDES,	MARTIN.
UN SECOND OFFICIER DE GARDES,	CARANDA.
UNE ESTAFFETTE DU DUC DE SAXE.	
SOLDATS SAXONS.	
SOLDATS HONGROIS.	
SOLDATS DU TRIBUNAL.	
MINEURS.	
PAYSANS ET PAYSANNES.	

La scène se passe en Saxe, au commencement du quinzième siècle.

OBSERVATIONS. *Une partie des gardes du baron sera armée d'escopettes ou carabines anciennes à rouets et à mèches.*

Les endroits marqués d'une (M.) indiquent la musique en action pantomime.

LE
TRIBUNAL INVISIBLE,
OU
LE FILS CRIMINEL,
MÉLO-DRAME.

ACTE PREMIER.

Le théâtre représente un site agreste. Dans le fond est l'entrée d'une forét; à l'avant-scène, à gauche de l'acteur, la maison d'Yollande; à droite, dans le fond, celle de Schwarts; un banc de gazon à la porte d'Yollande.

SCENE PREMIERE.

YOLLANDE, GOGLUG, ASTOLPHE.

(Au lever du rideau, Yollande, assise sur le banc de gazon, apprend à lire à Astolphe. Goglug, placé près d'eux, les écoute.)

YOLLANDE. (*Elle chante en lisant dans un vieux livre.*)

PREMIER COUPLET.

En Saxe vivait, autrefois,
Un pieux et bon solitaire :
Il disait aux enfans des rois,
Il disait aux grands de la terre :
Haïr est un tourment secret ;
Aimons, afin que l'on nous aime :
La récompense du bienfait,
C'est le bienfait lui-même.

GOGLUG.

Ma chère Yollande! à son âge, chanter encore avec cette...
inflexibilité de voix, c'est... considérable. Comme dit le
proverbe, bon chien chasse de race. Vous allez voir que
je chante aussi... la... imperturbablement.

Premier couplet.

La friponne Nicette
Au marché s'en allait,
En portant sur sa tête
Son petit pot au lait.
Réjouis-toi, gente laitière;
Ton petit pot,
A lui seul, vaut
Une fortune entière.

ASTOLPHE.

Il chante fort bien, mon petit frère Goglug.

YOLLANDE.

Oui, mais il trouble notre leçon : le tems perdu ne se
retrouve jamais. Allons, mon cher fils, continuez : et toi,
(*A Goglug.*) songe à ne pas nous interrompre.

GOGLUG.

C'est à dire que parce que vous chantez dans un livre,
je n'peux pas chanter comme vous; ma chère mère, vous
m'avouerez que c'est un peu incompréhensible.

YOLLANDE.

C'est qu'aussi tu nous étourdis toujours par tes chansons.

GOGLUG.

Moi, j'suis bâti comme ça : quand j'suis triste, j'chante
pour m'egayer; quand j'suis gai, j'chante pour m'entre-
tenir en bonne disposition, j'chante tout seul, j'chante devant
tout l'monde, c'est moi qui mets l'village entrain : ainsi
vous n'm'empêcherez pas d'chanter, parce que...

YOLLANDE.

Te tairas-tu?

ASTOLPHE, *frappant du pied.*

Mais, Goglug, tais-toi donc!

GOGLUG.

Fi! le p'tit méchant!

YOLLANDE.

Goglug! je perds patience.

(5)

GOGLUG.

Ils sont tous déchaînés contre ma voix. Elle n'est pas
belle ma voix! non, demandez. (*Se levant, et allant à
l'autre côté de la scène.*) Je vais chanter de mon côté; chantez du vôtre, ça sera un duo en deux parties.

YOLLANDE ET GOGLUG *chantent ensemble.*

SECOND COUPLET.

YOLLANDE.

Alfred est avare, envieux;

On le méprise, on le délaisse.

Ernest est bon et généreux;

A le fêter chacun s'empresse.

Haïr est un tourment secret;

Aimons afin que l'on nous aime:

La récompense du bienfait

C'est le bienfait lui-même

Second couplet.

GOGLUG.

Lorsqu'on voit la laitière,

Qui ne voudrait du lait?

Nicette n'est pas fière,

Chacun est satisfait

Réjouis-toi, gente laitière;

Ton petit pot,

A lui seul, vaut

Une fortune entière.

ENSEMBLE.

(*Sur la ritournelle des couplets, Goglug danse, et Astolphe, quittant la lecture, l'imite et danse avec lui.*)

SCENE II.

LES PRÉCÉDENS, RIXHEM. (*Il est enveloppé
d'un vaste manteau noir qui se drape autour de lui.*)

(M.) (*Rixhem paraît au fond de la scène : il examine
tout ce qui l'environne. Astolphe fixe particulièrement
son attention. A sa vue, Yollande rentre dans sa
chaumière avec Astolphe. Goglug essaie d'en faire
autant. Rixhem l'arrête.*)

SCENE III.

RIXHEM, GOGLUG.

RIXHEM.

Ne craignez rien, jeune homme.

GOGLUG.

Monseigneur... c'est que...

RIXHEM.

Ne craignez rien, vous dis-je.

GOGLUG.

C'est qu'dans c'te forêt...

RIXHEM.

Il existe des braves gens...

GOGLUG.

Tout comme ailleurs.

RIXHEM.

Et des scélérats.

GOGLUG.

Comme partout, monseigneur.

RIXHEM.

Il faut soutenir les uns et punir les autres.

GOGLUG.

C'est une rude besogne !

RIXHEM.

Vous me paraissez honnête.

GOGLUG.

Oh ! très-honnête.

RIXHEM.

Vous avez l'air... bon.

GOGLUG.

Si bon, que toutes nos jeunes filles m'appellent comme
ça, en batifollant, une bonne bête.

RIXHEM.

Je veux causer avec vous.

GOGLUG.

Assurément... c'est trop d'honneur... attendez, j'vas dire

à maître Schwartz, mon parrain, de v'nir causer à ma
place... Ah! c'est qui cause bien mon parrain!

RIXHEM.

C'est inutile. Je connais maître Schwartz : il est à la
mine, je viens de l'y voir : c'est avec vous que je veux
converser.

GOGLUG.

Eh bien, monseigneur, causons. (*A part.*) S'il connaît
maître Schwartz, mon parrain, ce n'est donc pas, non, ce
n'est pas ce que j'avais pensé.

RIXHEM, *à part.*

Voyons si je pourrai tirer quelques éclaircissemens de
ce jeune homme.

GOGLUG.

Vous êtes bien honnête à mon égard, monseigneur :
causons puisque vous le voulez.

RIXHEM.

Quelle est cette femme?

GOGLUG.

Cette femme?..... Puisque monseigneur connaît maître
Schwartz, mon parrain, il doit assurément connaître madame Yollande Goglug, mère de Marc, Luc, Roch Goglug... c'est moi pour vous servir.

RIXHEM.

Et quel est cet enfant?

GOGLUG.

Cet enfant?

RIXHEM.

Oui, ce jeune garçon.

GOGLUG.

Ce p'tit garçon qui lisait là... dans un livre... avec la mère
Yollande?

RIXHEM.

C'est cela même.

GOGLUG.

Il s'agit du p'tit Astolphe.

RIXHEM, *à part, avec un mouvement de joie.*

Astolphe!

GOGLUG.

... Que monseigneur voudrait savoir si... (*A part.*) mais chut!
on m'a bien défendu de jamais nommer son nom et de dire
qu'il n'était pas mon frère. (*Haut.*) Monseigneur, c'est mon
frère.

R I X H E M.

Vous mentez.

G O G L U G.

Je l'connais peut-être ben mon frère.

R I X H E M.

Vous mentez, vous dis-je ; Astolphe n'est pas le fils de la mère Yollande.

G O G L U G.

Astolphe ! il a deviné son nom ! comment ça c'fait-il ? il faut que cet homme-là soit sorcier.

R I X H E M, *à part.*

Toutes mes conjectures sont fondées : étouffons la joie que me cause cette heureuse découverte.

SCENE IV.

LES PRÉCÉDENS, YOLLANDE.

G O G L U G.

Venez donc, ma mère, venez donc me tirer d'embarras... sans vous, j'allais dire quelqu'sottise ; mais je m'suis retenu, et si monseigneur n'avait pas d'viné le nom d'Astolphe...

Y O L L A N D E.

Quoi ! monsieur sait....

R I X H E M.

Que cet enfant se nomme Astolphe et qu'il n'est point votre fils.

Y O L L A N D E, *à Goglug.*

Malheureux ! tu nous a perdus !

(*On entend dans le lointain un tintement de cloche.*)

G O G L U G, *avec effroi.*

Entendez-vous ? entendez-vous ? c'est la cloche du tribunal invisible. Je m'fais frémir moi-même en prononçant c'nom-là.

R I X H E M.

Qu'a-t-il donc de si effrayant ?

G O G L U G.

Comment ! ça n'vous effraie pas, vous, c'te cloche funeste... ces hommes tout noirs et masqués, qu'on n'sait pas d'où i' sortent, ni où i' s'cachent, et ces grandes halebardes, et ce vilain mot : *tribunal invisible* ! l'pire, c'est qu'à c'mot-là n'y a pas à dire, ... i' faut qu'tout un chacun obéisse et s'taise.

(9)

RIXHEM.

Je te l'ai dit, jeune homme, il est dans cette forêt des
braves gens et des scélérats : les hommes honnêtes doivent
se rassurer; c'est aux scélérats de trembler.

GOGLUG.

Moi j'sis dans les honnêtes , monseigneur.

RIXHEM, à Yollande.

Bonne mère, si vous êtes menacée, si des ennemis vous
environnent, songez qu'il existe un être inconnu qui veille
à votre sûreté. Prenez cette bourse, et rappelez-vous sou-
vent de l'homme au manteau noir. Vous me reverrez quand
il en sera tems.

(M.) (*Rixhem lui donne une bourse et sort avec gravité.*
Yollande et Goglug restent stupéfaits.

SCENE V.

YOLLANDE, GOGLUG.

YOLLANDE.

« Vous me reverrez quand il en sera tems ! » — Quel mystère ! ... Cet homme ... cette bourse... son langage ... tout
m'effraie... il me semble que ce son de voix ne m'est pas
inconnu... serait-ce un émissaire de l'infame baron de Heidelberg ? serait-ce un protecteur que le ciel envoie à notre
enfant chéri ? je m'y perds.

GOGLUG.

Comme vous dites, ma chère mère, je pense... que je n'sais
qu'en penser.

(M.) (*On entend un murmure lointain.*)

Mais v'là mon parrain; il va nous expliquer tout ça.

YOLLANDE, à part.

Schwartz est un honnête homme : il faut que je lui ouvre
mon cœur, il faut qu'il apprenne le fatal secret ; si nous
sommes menacés, il défendra le fils de son ancien maître.

SCENE VI.

LES PRÉCÉDENS, SCHWARTZ, TROUPE D'OUVRIERS DE
LA MINE.

(M.) (*Les ouvriers entrent tumultueusement et entou-*
rent Schwartz.)

SCHWARTZ.

Enfans ! le baron Evrard de Heidelberg, notre tyran, pré-
tend mettre un nouvel impôt sur la mine que vous exploitez
à la sueur de vos fronts : en cas de refus, il menace de faire
cesser les travaux. Nous avons souffert trop long-tems de ses

vexations ; il ne faut pas attendre qu'il réduise vos familles à la mendicité. Ce tribunal caché, qui répand partout une crainte salutaire, en frappant l'oppresseur puissant que les tribunaux ordinaires n'oseraient atteindre, ou bien en condamnant le scélérat astucieux qui trouverait l'impunité dans le silence et le désordre des lois, le *tribunal invisible* s'assemble près de nous : rien n'échappe à sa vigilance ; il connaît nos malheurs, il voit nos larmes, il nous donnera les moyens de nous défendre... Que chacun de vous retourne paisiblement dans le sein de sa famille jusqu'à l'instant marqué pour le travail ; s'il se passe quelque chose de nouveau, vous vous réunirez au signal accoutumé.

(M.) (*Tous les ouvriers se dispersent.*)

SCENE VII.

GOGLUG, SCHWARTZ, YOLLANDE.

YOLLANDE.

Ce baron de Heidelberg a donc juré de nous tourmenter sans relâche.

SCHWARTZ.

Rassurez-vous, bonne mère ; la puissance des méchans passe comme l'orage... celle des bons est durable comme la chaleur de l'astre qui nous éclaire.

YOLLANDE.

Ah ! si vous connaissiez comme moi tous les crimes de ce tyran !

GOGLUG, *s'approchant doucement.*

Ecoutons ce que va dire ma mère.

SCHWARTZ.

Je sais que vous avez été long-tems attachée à la famille de Heidelberg. Cette pauvre Anna, la sœur de ce méchant Evrard, vous aimait.

YOLLANDE.

Comme une seconde mère.

GOGLUG, *se montrant.*

C'était ma sœur de lait.

YOLLANDE.

Goglug, vous savez que je n'aime pas qu'on espionne. vous savez ce qui arrive quand on fait ce que je n'aime pas... ainsi.....

GOGLUG.

Mais, ma mère, on parle des affaires de la famille ; j'en suis peut-être de la famille : donc, ça me regarde.

YOLLANDE.

Rentrez au logis, et que je ne vous entende plus.

GOGLUG, *pleurant.*

Je suis un grand garçon, et maman me traite comme un enfant. Rentrez au logis ! rentrez au logis !

YOLLANDE, *se fâchant.*

Tu raisonnes !

SCHWARTZ.

Madame Yollande, un peu plus de douceur ; ce pauvre garçon est sensible.

GOGLUG.

Sensible ! .... comme une demoiselle, mon parrain.

SCHWARTZ, *prenant Goglug par la main.*

Console-toi, mon pauvre Goglug : vois-tu là-bas dans la plaine ma fille avec les ouvriers qui sont près de ce champ de bled ?

GOGLUG, *consolé.*

Mademoiselle Kretle ! ... Oui, je la vois ... qu'elle est gentille, mademoiselle Kretle !

SCHWARTZ.

Eh bien, mon ami, je te permets d'aller auprès d'elle ; tu l'aideras à compter le fer... ensuite vous reviendrez tous les deux : mais de la sagesse, jeune homme.

GOGLUG.

De la sagesse, papa Schwartz ! Près de mademoiselle Kretle, ça marche toujours de concert avec l'amour. Adieu, adieu. (*Criant*) Mademoiselle Kretle ! mademoiselle Kretle !

(*Il sort.*)

SCENE VIII.
SCHWARTZ, YOLLANDE.

YOLLANDE, *regardant de tous côtés.*

Personne ne peut nous entendre. Ecoutez et frémissez.

SCHWARTZ, *avec intérêt.*

Je vous écoute.

YOLLANDE.

Vous savez que je fus élevée dans la famille et au château de Heidelberg, d'une manière peut-être au-dessus de mon état.

SCHWARTZ.

Il m'en souvient.

YOLLANDE.

Que je fus choisie par la comtesse de Heidelberg pour élever cette fille si chérie, (*Avec attendrissement.*) cette malheureuse Anna dont nous déplorons tous les jours la perte.

SCHWARTZ, *attendri.*

Je m'en rappelle, bonne Yollande.

YOLLANDE.

Vous n'ignorez pas encore qu'après la mort de la comtesse, le comte, entièrement dominé par son fils, le baron actuel, qu'il idolâtrait, abandonna entièrement à mes soins l'éducation de la pauvre Anna, en nous reléguant toutes deux dans ce vieux château situé à l'entrée de cette forêt, et habité maintenant par le baron lui-même.

SCHWARTZ.

Ces circonstances me sont encore présentes.

YOLLANDE.

Tout le village se rappelle de la mort presque subite du comte de Heidelberg.

SCHWARTZ.

Hélas ! il était notre bienfaiteur, notre père... Nous le pleurâmes tous, et les vexations de son fils nous le font regretter tous les jours de plus en plus.

YOLLANDE.

Maintenant, je vais dévoiler à vos yeux l'épouvantable secret. J'avais perdu mon époux; la belle Anna avait atteint sa dix-septième année, lorsque les hasards d'une chasse amenèrent dans cette forêt le jeune Astolphe, landgrave de Westerbourg : se voir, s'aimer, se le dire, se jurer un amour éternel fut pour eux l'affaire d'un instant. Les intentions d'Astolphe étaient pures comme son cœur : il demanda et obtint bientôt du comte la permission de présenter ses hommages à sa fille.. Les parens étaient d'accord, et le mariage allait se conclure, malgré les réclamations du baron Evrard, qui, d'après une ancienne querelle avec Astolphe, lui avait juré une haine éternelle, lorsque le comte mourut.... ou du moins toute la Saxe le crut mort.

SCHWARTZ, *avec étonnement.*

Que voulez-vous dire ?

YOLLANDE.

Que le baron, furieux de voir son père résister pour la première fois à ses volontés, foulant aux pieds les lois sacrées de la nature, fut assez criminel pour le faire enfermer dans le cachot le plus sombre du château de la forêt.

SCHWARTZ.

Quel horrible attentat !

YOLLANDE.

Suspendez votre indignation; ce n'était que le prélude de ses forfaits.... bientôt l'intéressante Anna est séparée de son fidèle Astolphe.... Evrard croyait avoir brisé tous les nœuds qui les unissait... Anna, secondée par moi, et forte de l'aveu de son infortuné père, saisit un instant d'absence de son tyran, et, dans la chapelle du vieux château, donna sa main à celui qui possédait son cœur. Le lendemain, le landgrave de Westerbourg, appelé par l'honneur, part pour aller combattre les Turcs. Six ans se sont écoulés depuis son départ, et sans doute il a péri dans cette expédition, puisque depuis personne n'entendit parler de ce digne jeune homme.

SCHWARTZ.

Il n'est que trop vrai qu'il n'existe plus ! sa famille le pleure encore.

YOLLANDE.

Jugez de mon inquiétude quand je m'aperçus qu'Anna portait dans son sein un gage de l'amour d'Astolphe !

SCHWARTZ.

Ah ! je devine maintenant la cause de la mort de cette femme infortunée.

YOLLANDE.

En peu de tems et malgré toutes mes précautions, le baron découvrit le secret que sa sœur avait tant d'intérêt de lui cacher : un poison préparé par le scélérat termina les jours de cette victime de l'amour et de la haine. Le cruel Evrard crut avoir fait périr d'un seul coup et la mère et le fruit d'une union qu'il détestait... mais cette seconde victime est échappée par mes soins; cet enfant, le fils de ma malheureuse maîtresse et du noble Westerbourg, il existe, il est près de moi, c'est Astolphe !

SCHWARTZ.

Astolphe !

YOLLANDE.

Ne prononcez jamais ce nom : je crains tout pour cet infortuné. Après une absence de cinq ans, le baron vient de reparaître pour le malheur de ce pays. Aujourd'hui même, un homme, dont je n'ai pu distinguer les traits, et qui affectait de se cacher, est venu ici prendre des informations qui me sont suspectes. Quoi qu'il soit presqu'impossible qu'Evrard soupçonne l'existence du fils de sa sœur, je ne veux négliger aucunes précautions... Je connais votre probité, bon Schwartz, ainsi que votre haine pour le tyran qui nous opprime; je vous rends dépositaire de mon secret et de la fortune du petit-fils de votre ancien maître.

SCHWARTZ.

Je vous seconderai de tout mon pouvoir. Mais comment découvrîtes-vous la retraite du comte, et que devint-il ?

YOLLANDE.

Il y a bientôt un an, le vieux Brown, seul dépositaire du secret du baron, et concierge de son château, me fit appeler au lit de la mort, et après un serment de ne révéler le mystère d'iniquité qu'il allait me découvrir que lorsqu'il ne serait plus, il m'avoua que le comte avait vécu long-tems dans ce château; que, chargé par son fils de le poignarder, il avait présenté à ce scélérat la dépouille de son père, en lui persuadant qu'il l'avait assassiné; que ce fils criminel, bourrelé de remords, était sur-le-champ parti pour les pays étrangers ; qu'il s'était senti le courage de sauver la vie de son maître; mais que, dans la crainte de perdre une place dont le produit était sa seule ressource, et d'éprouver en outre la colère du baron, il avait pris le parti de soustraire le comte à tous les yeux, et de le garder dans un appartement souterrain. Enfin, que lui Brown, au commencement de sa maladie, venant de porter au noble prisonnier la nourriture accoutumée, était tombé défaillant à la porte du cachot, sans avoir la force de la refermer, et que, craignant que le comte ne mourût de faim, il avait pris la résolution de me faire cet aveu.... Je cours à la prison, ... le comte avait disparu... Le lendemain, le vieux Brown expira... je n'en ai pas su davantage.

SCHWARTZ.

Et que prétendez-vous faire pour le jeune Astolphe ?

YOLLANDE.

Vous charger dès demain de le conduire au château de Westerbourg, et le faire reconnaître par la famille de son père, en invoquant la protection de ces puissans seigneurs pour résister au parricide qui nous menace.

SCHWARTZ.

Vous pouvez disposer de moi.

YOLLANDE.

Je vais vous remettre.....

(*Yollande jette un coup-d'œil autour d'elle, pour voir s'ils ne sont point épiés. Schwartz fait un demi-tour avec la même intention. Ils se trouvent près du banc de gazon et s'y asseient.*)

YOLLANDE, *présentant un porte-feuille à Schwartz.*

Voici tous les titres qui constatent la légitimité de la naissance de notre Astolphe : Anna me les remit en expirant ; je les confie à votre bonne foi : je puis compter sur vous, Schwartz ?

SCENE IX.

LES PRÉCÉDENS, *GOGLUG, KRETLE.*

(*En arrivant, les deux jeunes gens s'arrêtent et examinent avec étonnement Schwartz et Yollande.*)

SCHWARTZ.

Mettez votre main là... mère Yollande... (*Mettant la main sur son cœur*) il y a soixante ans qu'il bat et qu'il n'a trompé personne ; il ne commencera pas par vous.

GOGLUG.

Bravo, mon parrain ! bravo !

(*Ici Schwartz et Yollande se lèvent avec effroi, et oublient sur le banc le porte-feuille qu'Yollande avait remis à Schwartz. Goglug continue :*)

C'est à dire que tandis que vous me recommandez la sagesse auprès de mademoiselle Kretle, vous cherchez à la faire oublier à ma chère mère. Pour le coup, je vous y prends.

YOLLANDE.

Je vous ai toujours défendu expressément d'écouter ce que l'on disait.

GOGLUG.

Ma chère mère, je vous assure que je n'écoutais pas ; demandez à mademoiselle Kretle : je voyais, elle voyait... nous avons vu...

YOLLANDE.

Vous avez vu.. quoi ? ... imbécille ! (*Bas à Schwartz.*) Il ne nous a pas entendu.

GOGLUG.

Quoi, imbécile ! c'est bientôt dit ça. Quand on a un cœur qui parle, on comprend le langage des cœurs. (*Imitant avec Kretle la position de Schwartz.*) La main là... les yeux en l'air... et ce coup-d'œil si tendre... non, j'dis, ça n'veut rien dire !

SCHWARTZ.

Hé bien, qu'est-ce que ça veut dire ?

GOGLUG.

Ça veut dire... que ma chère mère Yollande veut me don-

ner un second père dans maître Schwartz, mon parrain, et
que je donnerai un second enfant à maître Schwartz, mon
parrain, s'il veut tout à la fois que j'épouse mademoiselle
Kretle.

SCHWARTZ.

C'est aller un peu vite en besogne. Je vais achever ma
conversation avec la mère Yollande : réjouis-toi, mon pauvre Goglug, toutes nos affaires s'arrangeront avant peu....
elles s'arrangeront, et chacun sera content.

(Schwartz et Yollande entrent dans la cabane d'Yollande.)

SCENE X.

GOGLUG, KRETLE.

GOGLUG, criant.

Hé bien, mon parrain, j'vas achever aussi not' conversation avec mademoiselle Kretle; pas vrai, mademoiselle
Kretle ? et comme vous dites, mon parrain, tout s'arrangera
et chacun sera content ;... pas vrai, mademoiselle Kretle ?

KRETLE.

Moi, monsieur Goglug, je n'dis pas oui, je n'dis pas non,
et si mon père... si vot' mère....

GOGLUG.

Avec des si, mademoiselle, le monde serait encore à
peupler, et il n'y aurait ni Goglug ni Kretle ici bas... Ainsi
donc, il faut une bonne fois que vous me donniez une ré-
ponse..... allégorique. Je vous aime, mademoiselle Kretle.

KRETLE.

Je n'dis pas oui.

GOGLUG.

M'aimez-vous ?

KRETLE.

Je n'dis pas non.

GOGLUG.

Je n'dis pas oui, je n'dis pas non ! il faut pourtant dire
l'un ou l'autre.

KRETLE.

Vous êtes si pressant, monsieur Goglug !

GOGLUG.

Vous êtes si aimable, mademoiselle Kretle !

KRETLE.

Si bon !

GOGLUG.

Si douce !

KRETLE.

Si poli !

GOGLUG.

Si gentille !

KRETLE.

Que je n'puis refuser de vous dire....

GOGLUG.

De me dire ?....

KRETLE.

Que j'ferai tout c'que mon père voudra.

GOGLUG.

Allons, nous y r'voilà.

KRETLE.

Parce que mon père fait toujours ce que j'veux.

GOGLUG.

A la bonne heure.

KRETLE.

Quand j'veux ce qu'il ne me défend pas.

GOGLUG.

Et puis ?

KRETLE.

Il n'ma jamais défendu d'aimer M. Goglug.

GOGLUG.

Aimable petite Kretle, un baiser.

KRETLE.

Doucement ; y m'a défendu ça.

GOGLUG.

Sur ces deux petites joues....

KRETLE.

C'est défendu.

GOGLUG.

Sur ce bras rondelet.

KRETLE.

C'est défendu.

GOGLUG.

Qu'est-ce qu'il a donc permis, l'papa Schwartz ?

KRETLE.

La veille du mariage.... rien.

GOGLUG.

Et le lendemain.... tout!

KRETLE.

Fi donc! on n'parle pas d'ça à une honnête fille.

GOGLUG.

Elle est charmante !

(Il veut la serrer dans ses bras.)

KRETLE, *le repoussant.*

Finissez, Goglug, ou je m'fâche.

GOGLUG.

C'est fini, mamzelle; c'est fini.

KRETLE.

J'men vas achever mon ouvrage. Si mon père trouvait quenqu'chose à faire à la maison, il n'manqu'rait pas de m'dire : « Voyez c'te d'moizelle ! ça veut d'venir une femme, « ça veut se charger de conduire un ménage, et ça n'sait pas « seul'ment faire sa besogne! » V'là c'qui m'dirait, mon père; et i'faut éviter ça, i' faut éviter ça, *(Elle va pour sortir.)*

GOGLUG.

J'ai pourtant encore un secret important à vous dire.

KRETLE, *revenant.*

Un secret ?

GOGLUG.

C'est d'main la fête de naissance du papa Schwartz : on s'rassemblera ce soir près de la mine; chacun aura un bouquet.... Vous verrez ça.... mais, chut ! n'en dites rien surtout.

KRETLE.

Soyez tranquille. A ce soir. Adieu, mon p'tit Goglug.

GOGLUG.

Adieu, ma future à venir.

(Kretle rentre dans la maison de Schwartz.)

SCENE XI.

GOGLUG, *seul.*

CHANSONNETTE.

Petite femme de son choix,
Petits enfans dont on est l'père,
Petit vin, petit nécessaire,
V'là de quoi vivre en petits rois.

(Goglug danse grotesquement sur la ritournelle.)
Il aperçoit le portefeuille laissé sur le banc.)

Tiens ! qu'est-ce que c'est qu'ça ? (*Il le prend.*) Un portefeuille avec des armes tout d'or ! Qui peut l'avoir mis là ? (*Il
l'examine*) S'il allait contenir la dot pour mon mariage avec
mamzelle Kretle ! ce serait une bonne trouvaille. Voyons.
(*Il ouvre le portefeuille.*)

SCENE XII.

GOGLUG *sur le devant de la scène;* LE BARON **EVRARD,**
FRANCKBAR *au fond.*

FRANCKBAR.

Monsieur le baron, voici la maison d'Yollande.

LE BARON, *indiquant Goglug.*

Quel est cet homme ?

FRANCKBAR.

C'est son fils.... une espèce d'imbécille.

GOGLUG, *croyant qu'on l'appelle.*

J'y vais, ma mère. (*Regardant un papier qu'il a tiré du
portefeuille.*) Un papier en lettres écrites ! Quel dommage que
je ne sache pas lire !

FRANCKBAR, *lui enlevant le papier.*

Donnez, mon ami ; on vous aidera.

GOGLUG, *étonné et considérant Franckbar.*

Son ami !

FRANCKBAR, *lisant.*

« Tous les papiers ci-inclus constatent la légitimité de la
« naissance d'Astolphe, fils de très-noble sire messire As-
« tolphe, landgrave de Westerbourg, et de très-noble dame
« madame Anna, baronne de Heidelberg. »

LE BARON, *vivement.*

De ma sœur !

GOGLUG.

De sa sœur !

LE BARON.

Malheureux ! donne-moi ces papiers.

GOGLUG.

Monseigneur !

FRANCKBAR, *avec force.*

Donne-les, te dis-je, ou je te perce le sein !

(*Franckbar et le baron font des efforts pour lui arracher le
portefeuille. Goglug se défend.*)

GOGLUG, *criant.*

Au secours ! Kretle , Schwartz, Yollande ! on m'assassine !
au secours !

LE BARON.

Tu résistes à ton maître, au baron Evrard de Heidelberg !
Si tu jettes un seul cri , tu es mort. (*Il lui arrache le portefeuille.*) A moi, soldats !

(M.) (*Les soldats du baron paraissent d'un côté ;
Yollande, Astolphe et Schwartz sortent de la cabane ;
Kretle de sa maison. Les mineurs accourent au bruit.*)
(*Tableau.*)

TOUS.

Le baron Evrard !

SCENE XIII.

LE BARON, FRANCKBAR, YOLLANDE, GOGLUG,
SCHWARTZ, KRETLE , ASTOLPHE , SOLDATS ,
SAXONS , MINEURS.

LE BARON.

Astucieuse Yollande ! je les tiens ces papiers qui constatent ta coupable audace, et la perfidie de ma sœur ! Cet enfant, fruit du crime, et gage du déshonneur de la famille de
Heidelberg , (*montrant Astolphe*) le voilà ! oui , je reconnais
les traits de son odieux père... Soldats ! qu'il soit arrêté, ainsi
que cette femme , et que tous deux soient conduits dans mon
château sous une forte garde.

(M.) (*Les soldats font un mouvement pour exécuter les
ordres du baron. Les mineurs s'ébranlent pour s'y opposer. Dans ce moment Rixhem paraît.*)

RIXHEM, *toujours enveloppé dans son manteau.*
(*Avec force.*) Arrêtez, soldats ! (*Tableau.*)

SCENE XIV.

LES PRÉCÉDENS. RIXHEM.

RIXHEM, *avec dignité, au baron.*

Et toi , Evrard, avant d'accuser les autres, songe à te défendre toi-même. Le tribunal invisible te réclame par ma

voix... Ce soir, à sept heures, dans la forêt... à l'Etoile des cerfs.... C'est moi qui t'attendrai pour te conduire devant tes juges. Peuple, au nom du tribunal, je vous délie du serment de fidélité envers Evrard de Heidelberg, votre baron ; et je vous défends de lui obéir, jusqu'à ce qu'il se soit justifié des crimes qu'on lui impute. (*Les soldats mettent bas les armes.*) Quant à cet enfant, il est sous ma protection immédiate. Hommes d'armes, suivez-moi.

(M.) (Le comte prend Astolphe dans ses bras. Yollande, Schvvartz, Goglug et Kretle se groupent autour de lui. Les soldats et les mineurs forment autour d'eux un cercle protecteur : ils font un pas pour s'éloigner dans cette position. Le baron et Franckbar, la main sur la garde de leur épée, veulent s'y opposer. Par un mouvement spontanée, les soldats croisent leurs lances devant le groupe, et lui forment un rempart de leurs fers ; les mineurs lèvent leurs marteaux. Tableau. Tous s'éloignent par la forêt. Franckbar remonte la scène avec le groupe. Le baron reste anéanti.)

SCENE XV.

LE BARON, FRANCKBAR.

LE BARON.

Où suis-je ! Quelle est donc la puissance qui vient de m'enchainer ? Cette stupéfaction générale à ce mot magique *tribunal invisible!*...... cet abandon des miens..... et, plus que tout le reste, cette voix...... cette voix qui m'a porté là.... (*Mettant la main sur son cœur.*) cette démarche, ce ton qui me rappelle.... Ma tête s'égare !... je crois voir les ossemens de mon père se réunir et me présenter un corps animé !.... (*Très-égaré.*) Oui, je le vois !.... c'est lui !.... son doigt m'indique la foudre vengeresse..... Sa voix tonne ; il s'écrie : « Malheureux! tu as assassiné ton père !.... » La nature frémit à ce cri lamentable ; et l'écho répète au loin : « Malheureux! tu as assassiné ton père !...... » (*Il tombe accablé dans les bras de Franckbar.*

FRANCKBAR.

Calmez vos sens, baron Evrard. Ce qui vient de se passer m'a, comme vous, fortement ému ; mais il reste dans mon ame une étincelle qui ranime le feu sacré de l'honneur. Ce tribunal, quel est-il pour vous juger ? Que nous importe le vain préjugé de terreur qui, à ce nom, s'est emparé des esprits de la multitude : n'êtes-vous plus chevalier ? n'êtes-

vous plus le chef d'une des plus belles contrées de la Saxe ?
Dieu et votre épée, voilà vos lois, voilà vos juges..... Vos
soldats vous abandonnent : mais si les Saxons tremblent,
ne vous reste-t-il plus vos fidèles Hongrois, qui ne sont pas
soumis à ce tribunal ? Ceux-là n'abandonneront point vos
drapeaux : ils ont appris à mourir en servant leur maître.
Étouffez des remords inutiles ; marchez, attaquez ces brigands qui s'érigent en juges secrets des actions et des intentions des princes ; et prouvez à la Saxe et à l'Allemagne que
le noble sang de Heidelberg ne s'est point glacé dans les
veines du dernier rejeton de cette illustre famille.

LE BARON.

Tu m'as éclairé, mon cher Franckbar. Mon parti est pris :
j'irai cette nuit au rendez-vous que me demande cet homme ;
(*Avec ironie.*) je verrai cet auguste tribunal ; je souleverai le
voile épais dont il s'enveloppe, et je délivrerai la Saxe du
joug de ses nouveaux oppresseurs. Si mon père a été frappé
par mes ordres, ne s'était-il pas rendu coupable envers la famille de Heidelberg, en permettant une odieuse alliance? Si
ma sœur a péri, ma sœur n'était-elle pas criminelle ? n'avait-
elle pas porté le trouble dans ma maison, en y introduisant
l'ennemi implacable de son frère ? D'ailleurs, mon père,
ma sœur, son indigne époux reviendront-ils du sein de la
mort pour m'accuser ? Non : la tombe est muette, et la nature ne changera pas ses lois éternelles pour me présenter
des accusateurs.

FRANCKBAR.

Baron Evrard, ne vous y fiez pas : ces juges cachés sont
plus clairvoyans qu'on ne pense : tout atteste ici leur puissance
secrète.

LE BARON, *montrant le portefeuille.*

Les papiers, qui seuls pouvaient prouver la légitimité de
cet enfant, sont tous entre mes mains ; et le tribunal le plus
sévère ne peut balancer à m'absoudre. Toutefois, je ne veux
pas négliger de suivre tes sages avis : cours rassembler mes
braves hongrois ; tu marcheras à leur tète. Qu'ils cernent
l'endroit indiqué pour le rendez-vous ; qu'au premier signal
ils soient prêts à voler au secours de leur baron : et malheur
à qui oserait résister à mes volontés suprêmes! (M.) (*Il sort
menaçant.*

FIN DU PREMIER ACTE.

ACTE SECOND.

Le théâtre représente une épaisse forét ; à droite est l'entrée de la mine de fer , que Schwartz exploite ; au-dessus de l'ouverture est attaché un timbre en cuivre ; une roue et des paniers servent à descendre et à remonter le fer brut dans l'intérieur de la mine ; sur un monticule, dans le fond , un poteau surmonté de plusieurs bois de cerfs, avec ces mots : ÉTOILE DES CERFS ; à droite et à gauche deux forges ; à côté des enclumes.

SCENE PREMIERE.

DES MINEURS-FORGERONS.

(M.) *(Au lever du rideau, une partie des ouvriers est occupée à forger le fer et à le battre sur les enclumes, tandis que d'autres sortent de la mine portant du fer brut.)*

SCENE II.

LES PRÉCÉDENS, SCHWARTZ.

(Schwartz entre en scène, fait accueil à ses ouvriers, et rentre avec eux dans l'intérieur de la mine.)

SCENE III.

RIXHEM, ASTOLPHE.

(Ils entrent mystérieusement par la droite.)

ASTOLPHE.

Où me conduis-tu, bon vieillard ?

RIXHEM.

Dans un endroit où tu seras à l'abri des entreprises des méchans.

ASTOLPHE.

Que leur ai-je donc fait, pour qu'ils me poursuivent ainsi?

RIXHEM.

Il suffit d'être bon, mon enfant, pour se voir en butte aux coups de ceux qui ne le sont pas.

ASTOLPHE.

Dis-moi, il y a donc du danger à être bon?

RIXHEM.

Où serait le mérite sans cela? Celui qui n'a pas combattu peut-il obtenir la couronne de la victoire?

ASTOLPHE.

Hé bien, brave homme, je veux combattre les scélérats; je veux tuer ce vilain baron qui avait dessein de m'enlever; donne-moi ta dague, et s'il revient, tu verras.

RIXHEM.

Mon fils, tuer son semblable est l'action du méchant; si tu le blâmes, il ne faut pas l'imiter.

ASTOLPHE.

Comment donc faire?

RIXHEM.

Il faut arracher le masque du coupable, afin de l'empêcher d'être désormais dangereux pour la société; il faut tâcher de le rendre meilleur, s'il est possible; et s'il persiste dans ses criminelles intentions, l'abandonner aux lois, qui seules peuvent disposer de la liberté et de l'existence des hommes.

ASTOLPHE.

Tu n'es pas méchant, toi, je l'ai vu tout de suite. Ton air noir et sombre me faisait trembler d'abord; ce ton de voix si doux m'a bien vite rassuré.

RIXHEM.

Aimable enfant! *(A part.)* Mais c'est trop tarder, il est tems que je remette mon précieux dépôt entre les mains d'un gardien fidèle.

(M.) *(Rixhem frappe trois coups sur le timbre qui est à l'entrée de la mine.)*

SCENE IV.

LES PRÉCÉDENS, SCHWARTZ, LES MINEURS.

(M.) *(Schwartz et ses mineurs sortent de la mine, examinent attentivement si personne ne peut les sur-*

prendre , et forment un cercle autour de Rixhem et d'Adolphe: l'enfant se recommande à leur protection; ils jurent spontanément de le défendre; l'un d'eux indique la mine comme une retraite sûre. On place l'enfant dans le panier qui sert à monter le fer brut. En ce moment le baron et Franckbar traversent la scène sur le monticule, et sont témoins de cette action. Bientôt les mineurs et l'enfant disparaissent.

SCENE V.

RIXHEM, SCHWARTZ.

RIXHEM.

Brave homme, je t'ai donné la preuve la plus convaincante de mon estime, en te choisissant pour l'un des inquisiteurs secrets de cet utile Tribunal, dont le pouvoir caché fait fleurir la Germanie. J'ai étudié assez ton cœur pour me dépouiller devant toi des voiles dont j'enveloppe mon existence. Puis-je effectivement compter sur une discrétion à toute épreuve.

SCHWARTZ.

Rixhem, mon serment reçu par le Tribunal vous offre la garantie la plus sacrée.

RIXHEM.

Hé bien! regarde-moi: cet air, ce son de voix ne rappellent-ils personne à ton cœur ou bien à ta mémoire?

SCHWARTZ.

Serait-il possible! quoi! la mort aurait respecté.... Rixhem serait....

RIXHEM.

Le comte de Heidelberg.

SCHWARTZ.

Je tombe aux genoux de mon digne prince.

RIXHEM.

Non, viens dans ses bras.... Les serviteurs fidèles sont si rares, ils ne peuvent être trop près du cœur de leur maitre.
(M.) (Il l'embrasse.)

SCHWARTZ.

Ah! monseigneur, que de bontés!

RIXHEM.

Que je sois Rixhem pour tout le monde, jusqu'à l'instant

où je jugerai convenable de reprendre mon nom et mon rang.

S C H W A R T Z.

Quel prodige vous rappelle dans vos états ?

R I X H E M.

Au commencement de la maladie du concierge du château, dont l'humanité avait épargné mes jours, proscrit par un fils coupable, soit générosité, soit négligence, ma porte reste ouverte ; j'attends la nuit, je m'élance hors de ma prison : me voilà dans les sombres corridors de l'antique demeure de mes pères ; bientôt j'arrive non loin de cette forêt : à la poterne secrète du vieux château. je revois la voûte étoilée des cieux, et je tombe à genoux en bénissant cette providence qui, tôt ou tard, vient au secours de l'être malheureux qui l'implore... Je marche vers Heidelberg, j'apprends que mon fils, depuis quatre ans, a quitté ce pays : que ma chère Anna a épousé en secret Astolphe de Westerbourg ; que la mort de cette fille infortunée a suivi de près ce mariage ; que la voix publique désigne le baron comme l'assassin de sa sœur ; enfin qu'Astolphe a péri glorieusement les armes à la main. Vivement ému par ces nouvelles funestes, je cours me jeter aux pieds du duc de Saxe, je dépose dans son sein le fardeau de mes infortunes ; il m'accueille, il m'encourage, il promet de me venger d'un ennemi, hélas ! trop cher, et il exige de moi que j'attende le retour d'Evrard, alors à la cour de l'empereur, pour l'accabler du poids de la malédiction paternelle, et le livrer à la sévérité des lois. Cependant un bruit vague circulait qu'Anna, avant de mourir, avait donné le jour à un fils, et que ce fils était échappé à la rage du bourreau de sa mère. Dès cet instant, je ne voulus vivre que pour retrouver cet enfant chéri, et le défendre contre ses persécuteurs. Ce fut à cette époque que le duc institua dans ses états le *Tribunal Invisible*. Il m'éleva à la place honorable de grand-juge. Cette institution secrète me donnait tous les moyens de rester ignoré de la Saxe entière. Je vins établir le siège du tribunal dans la partie souterraine et dès long-tems abandonnée de mon propre château. Un mur élevé par les ordres d'Evrard sépare entièrement le vieux château de la partie occidentale qu'il habite maintenant ; il ne sait pas que ses juges sont si près de lui, et que c'est dans cet endroit même où il a commis le crime qu'il doit en recevoir la juste punition.... Je me suis chargé de le conduire cette nuit devant le tribunal que doit présider le duc de Saxe en personne... Mais malgré les crimes d'Evrard, je sens que je suis toujours père.. et si je puis le sauver.. si le repentir... le remords.. Ah ! mon ami, qu'il est cruel de se voir contraint de punir celui qu'on a tant aimé !

SCHWARTZ.

Que je vous plains! quelle situation terrible et douloureuse!

RIXHEM.

C'est ici le lieu du rendez-vous. Nos sermens nous obligent d'employer toutes les précautions pour prévenir le coupable: que les plus braves mineurs soient armés en secret; qu'à l'entrée de la nuit ils se rassemblent et restent cachés dans la forêt. Quant à toi, je te charge de veiller particulièrement sur les jours de l'intéressant Astolphe.

SCHWARTZ

Reposez-vous sur ma surveillance. Je sais que nos jeunes gens vont se réunir en ce lieu pour célébrer ma fête... Vers la nuit j'aurai soin de les ramener au village.. Je vais prévenir mes fidèles mineurs; ils détestent le baron, et me sont entièrement dévoués; vous pouvez compter sur eux comme sur moi-même.

(M.) (Rixhem sort.)

SCENE VI.

SCHWARTZ, *seul, frappe sur le timbre.*

SCENE VII.

(A ce signal, les mineurs paraissent successivement.)

SCENE VIII.

(On entend une musique champêtre. Les mineurs vont au-devant du village ; ils défilent sur le monticule, et se développent sur la scène. Yollande, Goglug et Kretle sont à la tête ; tous viennent offrir des bouquets à Schwartz, et se groupent ensuite près de lui.)

SCHWARTZ.

Je vous remercie de votre attention, mes enfans ; que le travail cesse pour le reste de la journée : chantons, dansons, réjouissons-nous, et quand la nuit sera venue, la collation et les flacons du vin du Rhin se trouveront à la porte de la mère Yollande, sous la feuillée. Songez à vous y rendre tous, et vive la gaîté.

TOUS.

Vive not' bon maître !

SCHWARTZ, *bas à Yollande.*

Astolphe est en sûreté.... Espérance, bonheur.

GOGLUG.

Ah ça. mon parrain, puisqu'il faut danser, chanter et se réjouir, tout ça à la fois, vous savez qu'ça me r'garde : j'sais une ronde qui fera bien not' affaire ; mais si j'chante, j'entends qu'on m'embrasse après.

TOUTES LES FILLES.

On t'embrass'ra.

GOGLUG.

Non, mesdemoiselles, on n'm'enbrass'ra pas ; c'est moi qui embrass'rai mamzelle Kretle. Pas vrai, parrain, que j'lembrass'rai ?

SCHWARTZ.

Allons, allons, point de conditions ; si tu chantes bien, on verra ce qu'on pourra faire en ta faveur.

PREMIER COUPLET.

GOGLUG *chante.*

Aux mines de la Forèt Noire,
Avez-vous connu Rotevain ?
C'est lui qui met la forge entrain ;
Il rit. il chante, il aime à boire.
Patapan, patapan.

(Tous les villageois frappent du pied en mesure.)

Jouissons des beaux jours :
Point de mélancolie ;
Le bon vin, les amours
Sont l'ame de la vie.

SECOND COUPLET.

Près de la rose printanière,
J'aime à cultiver le raisin :
Le second m'offre un jus divin
Lorsque j'ai cueilli la première.
Patapau, patapan, etc.

TROISIÈME COUPLET.

Quand je suis avec ma bergère,
Son teint me rappelle mon vin;
Mon vin me rappelle son teint
Quand je suis seul avec mon verre.
Patapan, patapan, etc.

(On danse sur la ritournelle de chaque couplet.)

GOGLUG.

Hé bien, parrain, j'espère que c'est tapé, ça!

SCHWARTZ.

Pas mal, pas mal.

GOGLUG.

J'vas donc embrasser mamzelle Kretle.

SCHWARTZ.

Rien de plus juste. Allons, ma fille.

KRETLE.

Mais, mon père..

SCHWARTZ.

Ne vas-tu pas faire la mijaurée?

GOGLUG.

Mon parrain a raison. Toutes ces jeunes filles sont contrariantes : dites-leur poliment : mademoiselle, faites ci ; mademoiselle, faites ça; elles vous répondent : *nix fur stand..*

(Goglug va pour embrasser Kretle : elle lui donne un soufflet.)

KRETLE.

Tiens, impertinent, voilà pour ton *nix fur stand!*

BALLET.

(Pendant les premières mesures de la danse, Goglug boude dans un coin. Kretle lui fait signe de venir près d'elle : il refuse. A son tour, Kretle prend l'air fâché. Goglug alors va la joindre : ils se réconcilient. La nuit vient progressivement.)

SCHWARTZ.

Mes amis, c'est assez faire sauter nos jeunes filles; il faut maintenant faire sauter les bouchons du vin du Rhin. Marchons, mes amis.

(M.) (La danse reprend : tout le monde sort en walsant, excepté Goglug et Kretle.)

SCENE IX.

GOGLUG, KRETLE.

GOGLUG.

Ouf! je n'en puis plus. Attendez donc un moment, mademoiselle Kretle ; me v'là tout essoufflé.

KRETLE.

Voyez le beau danseur ! Pour quelques tours de walse.

GOGLUG.

Ah ! mademoiselle, c'est qu'avec une walseuse comme vous, on perd aisément la tête.

KRETLE.

C'est bien galant de votre part ,... très-galant... Mais tout le monde est parti : à quoi pensez-vous donc, monsieur Goglug ?

GOGLUG.

J'pense à profiter de c'tinstant, si mademoiselle Kretle veut bien permettre.

KRETLE.

Pourquoi donc faire, monsieur Goglug ?

GOGLUG.

Vous d'mandez ça, mademoiselle ; ça s'devine.

KRETLE.

Je n'sais pas deviner.

GOGLUG.

Hé bien, j'vous dirai donc que j'pense à profiter de cet instant que personne ne peut nous voir, pour vous demander pardon du soufflet que vous m'avez donné tout à l'heure.

KRETLE.

C'est bien honnête, ça : hé bien , tout est pardonné ; mais partons bien vîte.

GOGLUG, *l'arrêtant.*

Si tout est pardonné , j'aurai donc l'baiser promis ?

KRETLE.

Le baiser ! Ah, pour le coup *nix*, cent mille fois *nix*.

GOGLUG, *tendrement.*

Dites *eia*, mademoiselle Kretle ; dites *eia*.

KRETLE.

Moi j'dis *nix*, *menheir*. (*Elle veut s'en aller.*

G O G L U G.

Hé bien, nous n'partirons pas d'ici, nous n'partirons pas.
(Il lui saisit les deux mains.)

K R E T L E.

Quel martyre ! *(Elle se débat.)*

G O G L U G.

Oh ! que nenni, vous n'vous en irez pas. Point d'baiser, point d'liberté : c'est qu'on n'attrape pas deux fois Marc, Luc, Roch, Goglug.

K R E T L E.

Ah ! j'en suis persuadée ; et... puisque vous le voulez, je me résigne, à une condition pourtant.

G O G L U G.

Quelle condition , mademoiselle ?

K R E T L E.

Baiser volé n'a pas de mérite. J'veux vous l'donner moi-même, d'bonne amitié et sans contrainte. Par ainsi, laissez-moi faire.. Passez vos mains... la.. derrière vous. *(Elle lui passe les mains derrière le dos.)*

G O G L U G.

Est-ce bien ?

K R E T L E.

Très-bien : restez-là.

G O G L U G.

Soyez tranquille; je reste.

K R E T L E.

V'là l'baiser. *(Elle le lui envoie avec les doigts.)* Attrappe qui peut. Bonsoir, nigaud. *(Elle se sauve.)* (M.)

SCENE X.

G O G L U G, *seul.*

Nigaud ! nigaud ! elle me l'paiera... Elle gagne l'allée des grands sapins; j'vas la couper par le p'tit sentier... Elle est prise.

(Il va pour sortir en courant, et rencontre à l'entrée de la coulisse droite le baron et Franckbar.)

SCENE XI.

GOGLUG, LE BARON, FRANCKBAR.

FRANCKBAR, *d'une voix forte.*

Qui va là ?

GOGLUG, *effrayé.*

C'est le diable.

(Il fuit du côté opposé.)

SCENE XII.

FRANCKBAR, LE BARON.

FRANCKBAR.

C'est l'imbécille au portefeuille. Avançons, il n'y a plus personne.

LE BARON.

On dansait ici il n'y a qu'un instant.

FRANCKBAR.

C'était une nôce, une fête... je ne sais quoi... Ces paysans boivent maintenant à l'entrée du village ; ils ne sont pas dangereux.

LE BARON.

N'as-tu pas remarqué des gens qui se glissaient dans les broussailles ?

FRANCKBAR.

Des ouvriers sans doute qui revenaient de la mine, et qui en nous apercevant se seront écartés du chemin. Vous n'avez rien à craindre, monseigneur; toutes mes précautions sont prises, vos hongrois sont postés autour de cette enceinte ; à la moindre violence qui vous serait faite, nous serons prêts à voler à votre défense.

LE BARON.

As-tu songé à faire enlever cet odieux enfant ?

FRANCKBAR.

J'ai fait placer des soldats à l'ouverture de la mine qui donne dans la plaine; il ne peut nous échapper.

LE BARON.

Que j'aurai de plaisir à tenir en ma puissance ce fils du détestable Westerbourg! Mais l'heure avance, je dois être seul ici... Il ne faut pas que ces juges insolens s'imaginent qu'ils ont pu faire trembler Evrard de Heidelberg. Retire-toi, et sois attentif au moindre mouvement.

FRANCKBAR.

Vous pouvez compter sur mon zèle et sur un dévouement absolu.

(M) *(Il sort.)*

SCENE XIII.

LE BARON, *seul.*

Ma présence va confondre cet orgueilleux tribunal, et s'il ose attaquer mon honneur, je détruirai jusqu'à son nom : ma conscience seule peut me reprocher quelque chose. Aux yeux des hommes, ma conduite est intacte... La conscience, oui, je le sens, voilà le seul juge qui soit à redouter... D'où vient la terreur qui, malgré moi, s'empare de mon ame?.. Cette forêt.. ce silence auguste de la nature.. les voiles lugubres de la nuit... tout ce qui m'environne m'inspire une secrète horreur : serait-il vrai qu'il existât un être supérieur qui punît le méchant?.. Ces juges mystérieux ne seraient-ils pas les instrumens secrets de la vengeance céleste?.. Et s'il en était ainsi, baron de Heidelberg, que ferait contr'eux le vain appareil de ta puissance? Tu désavoueras tes crimes, dis-tu! Nul indice ne peut les révéler. Mais ne lira-t-on pas sur ton front ce mot écrit en lettres de feu : PARRICIDE. *(Après une longue pause.)* Quelles chimères viennent obscurcir mon imagination! Bannissons ces vaines alarmes. Il n'y a de vrai dans les terreurs de la conscience, que la faiblesse des organes de l'homme; il n'y a de positif dans les lois de la nature, que la destruction de certaines formes, pour en reproduire de nouvelles. *(On entend sonner sept heures dans le lointain.)* Sept heures sonnent au château de Heidelberg! O homme! composé étrange de force et de faiblesse, pourquoi frémis-tu au son de cette cloche? Tu le demandes, barbare! ne fût-ce pas à la même heure, au signal de cette même cloche, que ta sœur reçut de toi le poison qui a dévoré son existence? Ce son lugubre est déjà une accusation; il semble te crier : *Elle sera vengée!* J'entends marcher, j'aperçois une lumière à travers ces arbres, quelqu'un s'avance : c'est l'homme du tribunal. Composons-nous, et tenons-nous préparé à tous les évènemens.

(M.)

SCENE XIV.

LE BARON, RIXHEM.

RIXHEM.

Baron Evrard, le tribunal t'attend.

LE BARON.

Tu vois que je ne redoute pas sa sentence, puisque je t'ai devancé au rendez-vous.

RIXHEM.

L'audace du coupable peut ressembler à la noble confiance de l'innocent.

LE BARON.

As-tu aussi le droit de m'accuser ?

RIXHEM.

Le droit,... oui... La volonté,... non. Je veux faire plus : tu m'inspires peut-être plus d'intérêt que tu ne crois ; je t'offre de prendre ta défense.

LE BARON.

Toi ? un officier du tribunal ?

RIXHEM.

Nos lois font un crime de condamner sans entendre ; si l'accusé ne peut déployer ses moyens, elles permettent à l'un de nous de s'en charger. Oui , baron, je te défendrai ; mais avant j'exige que tu me dises la vérité toute entière.

LE BARON, *à part.*

Cet homme m'inspire un respect... Je ne sais ce qui se passe dans mon ame.. une force inconnue.. s'en est emparée.. je ne suis plus maître d'y résister.

RIXHEM, *à part.*

Si je n'avais à pardonner que le mal qu'il m'a fait, avec quel plaisir je le serrerais dans mes bras !

LE BARON, *à Rixhem.*

Je suis prêt à te répondre.

RIXHEM.

On te soupçonne d'avoir été le tyran d'un père, dont la seule faiblesse fut de trop t'aimer ; on t'accuse d'avoir abrégé son existence.

LE BARON.

J'atteste le ciel que le comte de Heidelberg n'a point péri de ma main.

RIXHEM.

Je le sais : un autre dut le frapper par tes ordres.

LE BARON.

Qui pourrait le prouver ?

RIXHEM.

Moi.

LE BARON.

Toi ? Je t'en défie.

RIXHEM, *avec calme.*

Il n'est pas tems encore.

LE BARON *confondu, à part.*

Brown aurait-il parlé!.. Comment peut-il savoir... Cet homme m'étonne...

RIXHEM, *à part.*

Il se trouble !

LE BARON, *presque en tremblant.*

On ta trompé,... vieillard;... mon père me fut toujours cher:.. et s'il vivait, il rendrait justice à mon cœur.

RIXHEM, *avec ironie.*

S'il était à ma place, il ne lui serait pas difficile d'en connaitre toute la pureté.

LE BARON.

Sans doute...

RIXHEM.

Anna de Heidelberg, ta sœur, devenue l'épouse d'Astolphe de Westerbourg, périt par tes ordres d'une mort violente.

LE BARON.

Anna de Heidelberg avait flétri la mémoire de son père, en brûlant d'un feu illégitime pour Astolphe de Westerbourg; elle mourut en donnant le jour au fruit de cette union déshonorante.

RIXHEM.

Evrard, tu mens à ta conscience, à l'honneur et au ciel.

LE BARON.

Audacieux inconnu ! j'ai bien voulu m'abaisser à te répondre; mais à tes discours insolens, je devine que ton but et celui de ton tribunal, en protégeant le fils auquel la criminelle Anna a donné le jour, est de servir l'ambition de la famille du landgrave Astolphe. Si cet enfant éta t légitime, il partagerait de droit ma fortune et ma puissance, et il importe beaucoup aux projets de la maison de Westerbourg de diviser celle de Heidelberg. Apprends, toi et les tiens, que je saurai maintenir mes droits par tous les moyens que la fortune et ma naissance m'ont accordés. Quant aux accusations qu'on dirige contre moi, je les déclare toutes calomnieuses, je suis prêt à le prouver les armes à la main, et de telle manière qui sera légalement fixée, lorsque mes adversaires cesseront de m'attaquer dans l'ombre, et que le duc de Saxe, mon suzerain, nous aura accordé le champ clos.

RIXHEM.

Consens-tu à venir faire la même déclaration en présence
du tribunal ?

LE BARON.

Je suis prêt à te suivre.

(M.) *(Rixhem sonne du cor.)*

SCENE XV.

LES PRÉCÉDENS, GARDES DU TRIBUNAL.

*(Au son du cor, des soldats masqués, ou la visière basse,
paraissent : l'un d'eux porte une lanterne.)*

RIXHEM, *au baron.*

Nos lois veulent que tu ignores l'endroit où siège le tribunal, et que tes yeux soient couverts d'un voile épais. *(Lui
présentant un mouchoir.)* Y consens-tu ?

LE BARON, *arrachant le mouchoir et le jetant loin de lui.*

Vieillard insensé! ton tribunal s'est-il imaginé qu'un prince
saxon se livrerait ainsi en sa puissance? J'ai consenti à ce
rendez-vous, pour connaître ces prétendus défenseurs de l'humanité, et dévoiler leurs mystérieuses réunions. Ta conversation m'en a trop appris. Homme, je suis innocent aux yeux
des hommes ; prince, je sais défendre mes droits contre ceux
qui les attaquent. *(Criant avec force.)* A moi, gardes ; mort
et vengeance !

RIXHEM.

Tu le veux ? Hé bien, oui, mort et vengeance! *(Il frappe
trois coups sur le timbre de la mine.)*

SCENE XVI.

LES PRÉCÉDENS. FRANCKBAR, GARDES HONGROIS DU
BARON, GARDES DU TRIBUNAL.

(M.) *(Rixhem fait ranger ses soldats. Franckbar paraît
avec les Hongrois. Le baron se met à leur tête, et
enveloppe le faible peloton du tribunal. Franckbar
saute dans la mine avec quelques soldats.)*

SCENE XVII.

LES PRÉCÉDENS, SCHWARTZ, OUVRIERS ARMÉS.

(M.) (*Schwartz fond à la tête de ses ouvriers, et débarrasse Rixhem. Confusion, mêlée sur le monticule et en scène.*)

SCENE XVIII.

(M.) (*Schwartz est arrêté et désarmé. Franckbar sort de la mine en tenant Astolphe dans ses bras. Yollande est amenée prisonnière par deux soldats hongrois. Le baron est vainqueur et maître du champ de bataille.*)

SCENE XIX.

(M.) (*Goglug et Kretle accourent et se groupent auprès de Schwartz. Plusieurs soldats portant des flambeaux éclairent la scène. Tableau général.*)

LE BARON.

Enfin ils sont vaincus, ces hommes orgueilleux qui voulaient imposer des lois à votre prince. Vous qui trembliez à leur nom seul, jugez combien était vaine cette puissance dont ils se vantaient : un seul instant, un seul combat a suffi pour dissiper leurs cohortes. Et comment venaient-ils m'attaquer? En dégradant mon caractère auguste par de viles calomnies; en armant mes sujets contre leur maître. (*Montrant Schwartz.*) Vous le voyez, le ciel est juste, il punit la calomnie et fait triompher la vérité.

SCHWARTZ, *avec un rire sardonique.*

Oui, noble baron, le ciel est juste ; c'est lui et le tems qui nous jugeront tous deux.

LE BARON.

Qu'on entraîne ce traître, et que son aspect ne souille plus ma présence. Soldats! je veux bien pardonner aux lâches qui m'ont abandonné ; mais jurez avec moi de détruire les restes de cet infame tribunal.

Tous les soldats croisant leurs armes : Nous le jurons.

LE BARON.

Que les gardes se divisent : vous, Peter, vous battrez l'estrade avec vingt hommes sur le chemin de Weimar: toi, Franckbar, tu éclaireras celui de Magdebourg; arrêtez ou exterminez tous les étrangers que vous rencontrerez dans les domaines de Heidelberg, ils sont tous au nombre des brigands. Je vais me retirer dans mon château, et dès l'aube du jour, je prononcerai sur le sort des complices et des auteurs de cet effroyable attentat.

(M.) *(Il lance un regard terrible à Yollande et à Astolphe L'enfant se jette dans les bras de sa mère ; on l'en arrache. Les soldats sortent de différens côtés à la lueur des flambeaux On entraîne Schwartz qui est enchaîné. Goglug, Kretle et les paysannes consternés restent groupés sur la scène. Le baron, à la tête de ses gardes, défile en triomphe par le monticule, en s'appuyant sur l'épaule de Franckbar.)*

FIN DU SECOND ACTE.

ACTE TROISIEME.

Le théâtre représente une cour dans la partie du château habitée par le baron ; au fond un mur, défendu par des pointes de fer, ferme la scène ; à gauche, un vieil obélisque ; près de l'obélisque, une grille fermée par une forte serrure ; à droite, une tour dont la porte se présente en face du public ; au-dessus de la porte, une fenêtre fermée par de gros barreaux de fer ; au sommet de l'obélisque une lanterne allumée qui éclaire la scène. (Il fait encore nuit.)

SCENE PREMIERE.

(M.) (*Le piédestal de l'obélisque s'ouvre : Rixhem et Schwartz en sortent avec mystère et précaution.*)

SCHWARTZ.

Où sommes-nous, monseigneur ?

RIXHEM.

Parle bas, et suis-moi.

SCHWARTZ, *à voix basse.*

Si je ne me trompe, (*Examinant ce qui l'environne.*) c'est ici la cour d'armes du château... A quels dangers vous vous exposez !

RIXHEM.

Quand l'homme vertueux s'expose pour sauver l'innocence, le ciel sourit à sa témérité : cette cour n'offre d'issue apparente que la grille qui communique à la grande galerie et aux appartemens du baron ; cet endroit, qui est à l'abri de toute insulte, est rarement gardé ; d'ailleurs les hommes d'armes sont ou harassés des fatigues de la nuit, ou dispersés dans la campagne. (*Montrant l'obélisque.*) A tout évènement, ce passage ignoré de tout le monde, et qui aboutit aux souterrains du vieux château, assure notre retraite ; nous n'avons rien à craindre.

S C H W A R T Z.

Comment se fait-il que vous ayez découvert ce passage ?

R I X H E M.

Le baron était absent, et ce château totalement inhabité lorsque je vins y établir le siège du tribunal : je fis chercher les vieux passages souterrains qui, dans les tems les plus reculés, servaient en cas d'attaque, à porter des secours de la partie neuve aux anciennes fortifications, et dont le secret n'était connu que de moi. Je rétablis ces communications, j'en fis ouvrir de nouvelles, enfin je déployai toutes les ressources que l'importance du tribunal que je préside, et l'autorisation du duc de Saxe, mettaient entre mes mains pour déjouer les machinations d'un fils criminel. C'est par ce moyen que j'ai pu ouvrir les portes de ton cachot, et faire tomber tes fers ; c'est par ce moyen que nous avons pénétré jusqu'ici. Toutes nos mesures sont prises : au point du jour, ce lieu doit être enveloppé de tous côtés, et par les troupes du duc et par celles du tribunal, de manière qu'il soit impossible d'éprouver la moindre résistance... *(Il mène Schwartz dans le fond de la scène.)* Tu vois ce mur, il nous sépare du vieux château : c'est là que s'élève le trône des vengeurs de l'humanité ; c'est de là que doit partir la foudre vengeresse... Mais il ne suffit pas que le coupable soit puni, il faut, avant tout, sauver l'innocent... Cet enfant chéri... cette femme courageuse qui a bravé les fureurs du tyran pour me conserver un fils, où sont-ils ? Comment les arracher à la mort qui les menace ? Si je ne parviens à découvrir leur retraite, peut-être l'audacieux baron osera-t-il les frapper avant qu'il nous soit possible de désarmer son bras.

S C H W A R T Z, *vivement.*

Monseigneur, voyez cette tour ! Elle me paraît destinée à renfermer des prisonniers.

R I X H E M.

Tu as raison... *(Ils s'approchent tous deux de la tour.)* Victimes qui gémissez dans ces lieux, un libérateur vous appelle, répondez... *(Il se fait un profond silence.)* Le silence de la mort règne autour de nous.

S C H W A R T Z.

Peut-être que nos voix ne peuvent pénétrer au fond de cette tour : je vais essayer de me faire entendre sans donner l'alarme dans le château.

(M.) *(Il monte sur la borne qui est près de la tour ; de là il s'élance jusqu'aux barreaux de fer et s'y cramponne :* Répondez, victimes du baron de Heidelberg, on vient vous sauver.*)*

SCENE II.

LES PRÉCÉDENS, YOLLANDE et ASTOLPHE
dans la tour.

YOLLANDE, *d'une voix étouffée.*

Quelle voix consolatrice nous appelle?

RIXHEM.

Celle d'un homme qui a juré de défendre l'innocence, et qui saura remplir ses sermens.

YOLLANDE, *paraissant à travers les barreaux.*

C'est vous... généreux ami!...

RIXHEM.

Silence.

SCHWARTZ.

Nous sommes environnés de surveillans...

YOLLANDE.

Que de reconnaissance!...

RIXHEM.

Silence, vous dis-je : qu'est devenu Astolphe?

YOLLANDE.

Il est enfermé comme moi.

RIXHEM.

Où?

YOLLANDE.

Dans cette tour....

RIXHEM.

Tous mes vœux sont remplis!

YOLLANDE, *présentant Astolphe.*

Le voici....

ASTOLPHE.

Bon vieillard, c'est toi qui t'exposes pour nous délivrer.

RIXHEM.

Le ciel ne permettra pas un nouveau crime...

ASTOLPHE, *croisant ses mains à travers les barreaux.*

Grand Dieu! sauvez ma bonne mère. (*Yollande l'embrasse.*)

RIXHEM.

Ne perdons pas un moment...

SCHWARTZ.

Commandez , j'obéis.

RIXHEM.

Prends cette lime. (*Il lui donne une lime.*

(M.) (*On entend un son de trompe dans le lointain. Schwartz s'arrête avec inquiétude ; Rixhem écoute ; Yollande , Astolphe et Schwartz disent ensemble : O ciel !*)

RIXHEM.

Ne bougez pas.

(*Il se fait un long silence. Rixhem va écouter à la grille.*)

La trompette du guetteur annonce qu'on va relever les sentinelles ; j'aperçois des flambeaux : on vient de ce côté, retirons-nous...

(*Schwartz descend de la borne.*)

ASTOLPHE et YOLLANDE.

Nous sommes perdus !

RIXHEM.

Ne craignez rien... je veillerai sur vous... les hommes courageux n'abandonnent jamais la vertu malheureuse.

(M.) (*Yollande et Astolphe disparaissent ; Schwartz et Rixhem descendent sous l'obélisque qui se referme.*)

SCENE III.

LE BARON, UN HEIDUQUE, DEUX CHEFS DE GARDES, GARDES.

(*Deux gardes portent des flambeaux.*)

LE BARON.

Ecuyers, y a-t-il quelque chose de nouveau ?

LE PREMIER CHEF DES GARDES.

Monseigneur, la seconde veille de la nuit vient d'être relevée... Tout paraît tranquille.

LE DEUXIÈME CHEF.

Les détachemens ne sont pas encore rentrés... on a entendu un grand bruit d'armes vers la forêt.

L'HEIDUQUE.

Péter aura probablement rencontré l'ennemi.

LE BARON.

Tant mieux ; puisqu'il n'est pas de retour, il est sans doute
à sa poursuite... Et cette tour ?...

(Il montre la tour)

LE PREMIER CHEF.

Monseigneur, en voici les clefs..

LE BARON.

Ami, il faut redoubler de vigilance : que deux hommes
d'armes soient placés dans l'intérieur, à la porte du cachot
qui renferme les prisonniers.

*(Le premier chef prend deux gardes, ouvre la porte de
la tour et les place en-dedans.)*

LE BARON, *au deuxième garde et à l'heiduque.*

Vous, veillez à la poterne et aux premiers ponts, et que
personne n'approche du château sans être scrupuleusement
examiné.. (Ils sortent.)*

*(M.) (Le premier chef remet la clef de la tour au baron
après l'avoir fermée à double tour.)*

LE PREMIER CHEF.

Les prisonniers reposent, tout est dans l'ordre.

LE BARON.

Fort bien : laissez-moi, je veux être seul ici... Dès que mes
soldats rentreront, qu'on ait soin de m'en avertir.

*(M.) (A un geste du baron, le premier chef sort par
la grille avec le restant des gardes.)*

SCENE IV.

LE BARON, *seul.*

Que cette nuit me paraît longue ! le sommeil fuit loin de
ma paupière ; une secrète inquiétude me tourmente... Qu'ai-
je donc à desirer ?... mes accusateurs sont morts ou en fuite ;
mes ennemis sont en ma puissance ; la vie de cet enfant est
dans mes mains, je n'ai qu'un seul mot à dire, il va cesser
d'exister ; et quand il ne sera plus, qui pourra me disputer
le riche patrimoine de Heidelberg. Malgré tous mes succès,
mon ame, encore agitée des évènemens qui viennent de se
succéder, se refuse au repos... La prospérité du crime ne
serait-elle qu'illusoire ?... le ciel lui refuserait-il cette satisfaction intérieure qui embellit l'existence de tous les char-
mes d'une douce tranquillité ?... Non, non... celui qui créa

l'univers et donna la vie à la nature, ne peut s'avilir en s'occupant sans relâche d'une si faible portion de son ouvrage. L'orgueil des hommes a pu lui prêter cette paternelle sollicitude ; la raison des sages la lui refuse... Oui.. l'imagination seule fait les peines et les plaisirs ; pour vivre heureux, il ne faut que savoir la diriger.

SCENE V.

LE BARON, FRANCKBAR, L'HEIDUQUE, GARDES, UNE ESTAFETTE DU DUC DE SAXE.

FRANCKBAR.

Baron, j'ai parcouru la route de Magdebourg. j'en ai fait éclairer les deux côtés jusque près de l'Elbe, et vers la forêt ; aucun des fuyards n'avait sans doute pris ce chemin. Je n'ai rencontré que cette estaffette de son altesse le duc de Saxe : il a, dit-il, un écrit important à vous remettre ; je vous l'amene.

(L'estaffette descend vers le baron et lui présente un rouleau de parchemin. Le baron est toujours inquiet, il déroule le parchemin, et lit :)

« Il est ordonné au baron de Heidelberg d'accorder pas-
« sage et protection dans ses domaines, pendant vingt-quatre
« heures, à trois cents hommes de ma garde qui se portent
« sur Weimar.

« ERNEST, DE SAXE. »

LE BARON, *après avoir hésité un moment.*
L'ordre de son altesse sera exécuté.

(L'estaffette sort avec la garde.)

LE BARON, *bas à l'heiduque.*

Que la grand'garde soit à l'instant doublée ; que les hommes d'armes du duc campent à l'entrée de la forêt, et qu'on se garde surtout de les recevoir dans le château : monte sur le donjon, surveille attentivement leurs démarches... Tout m'est suspect aujourd'hui... au moindre mouvement, tu viendras prendre mes ordres.

(L'heiduque salue et sort.)

SCENE VI.

LE BARON, FRANCKBAR.

LE BARON.

Toi, cher Franckbar, reste auprès de moi; j'ai besoin de tes conseils....

FRANCKBAR.

Parlez, monseigneur.

LE BARON, *amenant Franckbar sur l'avant-scène avec mystère.*

Il importe à la tranquillité de ton souverain... que cette femme et cet enfant renfermés dans cette tour aient cessé d'exister avant que le soleil reparaisse sur l'horizon.... Te sens-tu l'énergie nécessaire pour rendre ce service à ton souverain?

FRANCKBAR.

Il s'agit de votre sûreté, monseigneur; j'ai juré de vous défendre contre tous vos ennemis : toutes les considérations s'évanouissent devant mon serment.

LE BARON.

Je ne prétends pas que tu frappes toi-même :... deux de mes hommes d'armes sont en sentinelle dans cette tour... il faut leur parler, les séduire, les menacer....

FRANCKBAR.

Comptez sur moi.

LE BARON.

Prodigue l'or à ces soldats.... Mais si de vains scrupules les faisaient balancer un moment entre leur devoir et une prétendue humanité....

FRANCKBAR, *avec un ton sombre.*

Je vous entends.

LE BARON.

La récompense, ou la mort.

FRANCKBAR.

Il suffit.

LE BARON.

Ordonne à ces soldats de paraître; je veux qu'ils soient certains d'exécuter ma volonté en obéissant à tes ordres.

FRANCKBAR.

Vous serez satisfait

(M) (*Il reçoit la clef de la main du baron, et entre dans la tour.*)

SCENE VII.

LES PRÉCÉDENS, LES DEUX HOMMES
D'ARMES.

*(Franckbar sort de la tour avec les deux gardes ; il en
ferme la porte et prend la clef qu'il garde à sa ceinture.)*

LE BARON.

Hommes d'armes, votre prince attend de vous un service
essentiel à son repos ; Franckbar est chargé de vous dévoiler mon secret. Si vous obéissez, de l'or et des honneurs ;
si pour la première fois vous deveniez rebelles, ma disgrace
et une prison éternelle.

(M.) (*Il sort avec une démarche imposante ; les gardes
restent interdits et muets.*)

SCENE VIII.

FRANCKBAR, LES DEUX HOMMES D'ARMES.

FRANCKBAR.

Pourquoi restez-vous interdits ? vous avez entendu l'ordre
de monseigneur.

PREMIER GARDE.

Oui, capitaine.

FRANCKBAR.

Et vous êtes sans doute prêts à l'exécuter ?

SECOND GARDE.

Capitaine, il faudrait savoir avant tout....

FRANCKBAR.

Aucuns dangers, tout profit.

PREMIER GARDE.

Tant pis :... du profit sans danger, c'est de l'argent mal
gagné.

FRANCKBAR.

Et la certitude de rendre à votre maître le service le
plus important.

SECOND GARDE.

C'est bien ça ;... mais s'il y avait un peu de gloire.

PREMIER GARDE.

Ça ne ferait que mieux.

FRANCKBAR, *leur donnant une bourse.*

Prenez cet or :... c'est une faible portion des bienfaits qui vous attendent.

SECOND GARDE, *pesant la bourse.*

Elle est bien garnie.

PREMIER GARDE.

Pourquoi nous payer si cher s'il n'y a pas de périls ?

SECOND GARDE, *bas à son camarade.*

Tais-toi donc ; il faut bien que nous soyons dédommagés par quelque chose.

FRANCKBAR.

Jurez-moi d'exécuter les ordres de votre prince.

PREMIER GARDE.

Mais encore faudrait-il connaître...

FRANCKBAR.

Hésiteriez-vous ?

SECOND GARDE.

Non, capitaine. (*Bas à son camarade.*) Tu vas voir qu'on va nous faire rendre l'argent.

FRANCKBAR.

Jurez donc d'obéir.

SECOND GARDE, *bas à son camarade.*

Jurons, ou la bourse est perdue.

FRANCKBAR.

Hé bien !...

LES DEUX GARDES, *après avoir un peu hésité.*

Nous le jurons.

FRANCKBAR, *amenant mystérieusement les gardes à l'avant-scène.*

La nuit couvre le château de ses ombres, ce lieu est écarté des postes ordinaires, vous êtes seuls, personne ne peut vous épier ni vous découvrir ; les prisonniers qui sont dans cette tour sont les plus mortels ennemis de votre maître... vous avez juré de le servir... remplissez votre serment : avant l'aurore il faut qu'ils aient cessé de vivre.

(*Il donne la clef de la tour au premier garde.*)

PREMIER GARDE.

Un assassinat !

FRANCKBAR.

La vie de votre maître en dépend.

SECOND GARDE.

Massacrer une femme, un enfant !....

FRANCKBAR.

Ils sont criminels et condamnés...

PREMIER GARDE.

Des soldats ne sont pas des bourreaux.

FRANCKBAR.

Qu'osez-vous dire ?

PREMIER GARDE.

Reprenez votre or ; il est trop cher à ce prix ;

(*Il jette la bourse par terre.*)

FRANCKBAR.

Téméraires !... vous avez l'audace de défendre les ennemis de votre prince , de résister à ses volontés , de manquer
à vos sermens!...

PREMIER GARDE.

Celui qui a fait le serment de commettre un crime , re-
devient vertueux en le violant.

SECOND GARDE.

C'est vrai, ça...

FRANCKBAR.

Soldats rebelles ! ne croyez pas sauver ceux que vous
protégez. Si vos bras refusent d'obéir, le mien est prêt... et
vous périrez avec eux.

(*Il tire son poignard et marche vers la tour.*)

PREMIER GARDE, *d'une voix presque tremblante.*

Mais , capitaine...

FRANCKBAR , *s'avançant toujours vers la tour.*

Lâches ! je ne vous écoute plus.

SECOND GARDE , *lui barrant le chemin.*

Attendez donc....

FRANCKBAR.

Que voulez-vous ?

PREMIER GARDE, *dissimulant.*

Croyez-vous que nous avons envie de perdre cet or ?...

SECOND GARDE, *dissimulant.*

C'est qu'il y en a si peu, vraiment, pour un si grand
service. (*Il ramasse la bourse.*)

FRANCKBAR , *revenant en scène avec satisfaction.*

Je vous comprends maintenant ; la somme sera doublée.

PREMIER GARDE.

Songez donc aux suites de cet évènement.

FRANCKBAR.

Qu'avez-vous à craindre ? Le baron n'est-il pas seul le maître de vous punir ou de vous récompenser ?

SECOND GARDE, *avec un sentiment profond.*

Oh ! il y a un autre maître qui punit et récompense aussi...

FRANCKBAR.

Hé bien ! je vais frapper moi-même. (*Il fait un mouvement.*)

PREMIER GARDE, *l'arrêtant.*

Non, capitaine ; c'est fini : nous sommes à vous.

FRANCKBAR.

A la bonne heure, je vous laisse... Songez que le parti de
votre maître est irrévocablement pris ; songez que vous ne
pouvez sortir de ce lieu environné, de toutes parts, d'espions
qui vont vous surveiller ; songez enfin qu'à mon retour, si
les coupables ne sont pas anéantis, vous périrez tous deux
après les avoir vus égorgés sous vos yeux.. Choisissez maintenant entre la pitié et l'obéissance.

SECOND GARDE.

Notre choix est fait ; soyez sans inquiétude.

(M.) (*Franckbar sort et referme la grille.*)

SCENE IX.

LES DEUX HOMMES D'ARMES.

(Ils sont tous deux abattus.)

PREMIER GARDE.

Hé bien, camarade, que faut-il faire ?

SECOND GARDE.

Je n'en sais rien.....

PREMIER GARDE.

Il a refermé la grille...

SECOND GARDE.

Il va revenir...

PREMIER GARDE.

Il n'y a pas moyen d'échapper...

SECOND GARDE.

Tuer ces malheureux !

PREMIER GARDE.

C'est bien cruel...

7

SECOND GARDE.

Mais mourir sans pouvoir les sauver...

PREMIER GARDE.

C'est bien dur aussi....

SECOND GARDE.

Moi, je ne pourrai jamais, d'abord ...

PREMIER GARDE.

Ni moi....

SCÈNE X.

LES PRÉCÉDENS, RIXHEM et SCHWARTZ *sortent de l'obélisque.*

(RIXHEM *et* SCHWARTZ *les écoutent et avancent doucement.*)

SECOND GARDE.

S'il s'agissait de se battre.....

PREMIER GARDE.

Fût-ce contre une armée ..

SECOND GARDE.

Encore passe... On meurt sans s'en apercevoir.

PREMIER GARDE.

Mais égorger une femme !..

SECOND GARDE.

Un enfant !..

PREMIER GARDE.

Nous les verrons là à nos genoux.

SECOND GARDE.

Supplians...

PREMIER GARDE.

Et nous irions de sang froid enfoncer un poignard dans leur sein !....

SECOND GARDE.

Impossible...

PREMIER GARDE, *avec une fureur concentrée.*

Il n'y a pas de moyen de se sauver d'ici...

SECOND GARDE.

Non....

(51)

PREMIER GARDE.

Il nous faudra périr ?...

SECOND GARDE.

Oui......

PREMIER GARDE.

Sacrément! Camarade, entre la mort et l'infamie il n'y a
pas de choix; mais il ne faut pas leur laisser le plaisir de nous
assassiner... Mourons....

SECOND GARDE.

Oui, mourons en braves gens...

(*Ils se mettent mutuellement en joue avec leurs fusils.*)

RIXHEM, *se montrant avec Schwartz.*

Non, vous ne périrez pas, et vous aurez la gloire de sauver
l'innocence.

(*Au premier mot, les gardes reculent épouvantés, et font
mine de se mettre en défense.*)

PREMIER GARDE.

Qui êtes-vous ?....

RIXHEM.

Deux hommes honnêtes qui, ainsi que vous, prétendent
arrêter le crime triomphant.

SECOND GARDE.

Qui vous envoie ?

RIXHEM, *montrant le ciel.*

Cet autre maître qui punit et récompense aussi.

PREMIER GARDE.

Quoi! vous avez entendu!

RIXHEM.

Tout...

SECOND GARDE.

Comment échapper aux poursuites du chef ?...

RIXHEM, *montrant Schwartz.*

Suivez cet homme; il vous conduira: moi, je vais délivrer
les intéressantes victimes du scélérat Evrard.

PREMIER GARDE.

Nous resterons ici jusqu'à ce qu'elles soient sauvées....

RIXHEM.

Il y a peut-être du danger, si le capitaine revenait...

SECOND GARDE.

Nous vous soutiendrons.

PREMIER GARDE.

Nous les défendrons.

SECOND GARDE.

Jusqu'à la mort.

RIXHEM.

Et voilà les braves qu'on voulait séduire!. Camarades, votre dévouement ne sera pas sans récompense: donnez-moi la clef de la tour... surtout observez le silence le plus profond....

(M.) (*Rixhem prend la clef et entre dans la tour;* *Schwartz se place à l'entrée secrète de l'obélisque;* *les deux gardes vers la grille, dans une attitude de* *défense.*)

SCENE XI.

LES PRÉCÉDENS, ASTOLPHE, YOLLANDE.

(*Rixhem sort de la tour en tenant Astolphe dans ses bras.*)

YOLLANDE.

Où nous conduisez-vous?

ASTOLPHE, *embrassant Rixhem.*

O mon père! mon bon père!

SCHWARTZ.

Le jour va paraître... hâtons-nous ...

(M.) (*Schwartz prend l'enfant et le descend dans l'o-* *bélisque; Yollande passe après lui, ensuite les deux* *gardes, enfin Rixhem qui referme la porte secrète.*)

SCENE XII.

(*Le jour commence à paraître.*)

FRANCKBAR, LE BARON.

(*Ils entrent avec précaution; Franckbar referme la grille.*)

FRANCKBAR.

Bien... la porte de la tour est ouverte, les hommes d'armes y sont entrés: c'en est fait, monseigneur; tous vos desirs sont remplis.

LE BARON.

Assure-toi de l'exécution de mes ordres, et si ces soldats

avaient hésité de nouveau, si mes ennemis vivaient encore ;.. frappe toi-même sans pitié.

(M.) *(Franckbar entre dans la tour ; le baron parcourt la scène d'un air sombre ; bientôt Franckbar sort de la tour avec effroi.*

FRANCKBAR.

Monseigneur, vous êtes trahi :... hommes d'armes, prisonniers, tout a disparu.

LE BARON.

Quoi ! cet enfant, cette femme...

FRANCKBAR.

Ils ne sont plus dans la tour.

(M.) *(Ils restent tous deux stupéfaits ; le baron entre dans la tour ; il en sort bientôt, et parcourt la scène avec la plus vive inquiétude.)*

LE BARON.

Il n'est que trop vrai, ils n'y sont plus... Mais par où auront-ils pu s'échapper de cette enceinte ? Cette grille...

FRANCKBAR.

Était fermée, j'en avais la clef...

LE BARON.

Ce mur...

FRANCKBAR.

Est trop bien défendu.

LE BARON.

N'importe ; avec les secours de ces deux gardes, ils auront pu le franchir... Mets-toi à la tête de mes Hongrois, pénètre dans les ruines du vieux château ; que l'on coure, que l'on cherche de tous côtés... Les fugitifs ne peuvent être loin : tu m'en réponds...

(M.) *(Franckbar sort avec précipitation)*

SCÈNE XIII.

LE BARON, *seul.*

Je suis forcé d'avouer que mes ennemis sont encore plus puissans que je ne le pensais...*(On entend une forte explosion.)* Que signifie ce bruit extraordinaire ? Serait-ce une nouvelle trahison ?.. Ce bruit souterrain m'étonne et m'épouvante.... Franckbar tarde bien à exécuter mes ordres... se joindrait-il à mes ennemis pour me trahir ?...

SCENE XIV.

LE BARON, L'HEIDUQUE.

L'HEIDUQUE, *accourant.*

Ah, prince ! tout est perdu !

LE BARON.

Que dis-tu ?

L'HEIDUQUE.

La vérité. Le fidèle Franckbar rassemble vos Hongrois, il sort en bon ordre de la citadelle, il tourne la forêt, et se présente devant le pont-levis du vieux château... tous marchaient dans la plus profonde sécurité... Prompte comme la foudre, une mine éclate sous leurs pieds : Franckbar est englouti avec une partie de sa troupe ; le reste est attaqué a l'improviste par les hommes d'armes du duc de Saxe... Au milieu de ce désordre, ils sont forcés de mettre bas les armes.

LE BARON.

Rassemblez sur-le-champ ce qui me reste de braves, qu'ils viennent se ranger sous la bannière de leur maître.

(L'heiduque sort.)

SCENE XV.

LE BARON, *seul.*

O trahison ! Ainsi mes amis ne sont plus... mes ennemis m'échappent, et la fortune inconstante m'abandonne !.. Evrard !.. Evrard ! te voilà tombé dans le précipice... Tes crimes s'élèvent contre toi.... *(Avec une profonde terreur.)* Le jour des vengeances célestes est arrivé !...

SCENE XVI ET DERNIÈRE.

LE BARON, RIXHEM.

RIXHEM, *sortant de l'obélisque et toujours enveloppé de son manteau.*

Tu l'as dit, baron, le jour des vengeances célestes est arrivé.

(55)

LE BARON.

Que vois-je! mon plus cruel ennemi, celui qui m'a attiré dans le piége!...

RIXHEM, *avec calme.*

Celui qui a défendu l'innocence, et qui va punir le crime.

LE BARON, *hors de lui-même.*

Scélérat! tu n'échapperas pas à ma rage... Holà, gardes!..

RIXHEM.

Tes satellites ne peuvent plus te défendre.

LE BARON.

Il me reste ce poignard : (*Il tire son poignard.*) ton arrêt est prononcé!...

RIXHEM, *avec force.*

Non, c'est le tien.

(M.) (*Il présente deux pistolets à Evrard; il en tire un en l'air et le menace du second; le baron reste stupéfait et le poignard levé.*)

(*A ce signal, les gardes du tribunal et les troupes du duc de Saxe garnissent la scène : les uns, du haut du mur du fond, tiennent en joue le baron ; les autres entrant rapidement par la grille, l'enveloppent en lui présentant le fer de leurs lances. Les deux gardes arrivant par l'obélisque, désarment le baron; ils sont suivis par Schwartz, Yollande, Kretle, les mineurs et tout le village. Yollande tient Astolphe dans ses bras.*)

(*Tableau général.*)

RIXHEM.

Evrard, tes crimes sont à leur comble; le tribunal invisible t'a condamné à les expier.

LE BARON.

De quel droit ton tribunal me punit-il ? Je ne reconnais de juge que mon souverain....

RIXHEM.

C'est le duc de Saxe lui-même qui a prononcé ton arrêt.

LE BARON.

Le duc de Saxe ! voudrait-il me condamner sans ouïr ma défense ?

RIXHEM.

Les replis les plus secrets de ton cœur se sont déployés aux yeux du tribunal... Il t'a vu... il t'a entendu... tu es jugé.

LE BARON, *avec fierté.*

Quel est mon accusateur ?

I

RI... EM, *jetant son manteau et paraissant en habit de comte.* (1)

Le voici.

LE BARON, *avec force et égarement.*

Dieu puissant ! est-ce un songe ?.. Le comte de Heidelberg !.. mon père !..

LE COMTE, *attendri.*

Qui t'aurait pardonné tous les maux que tu lui as fait, 's'il avait été ta seule victime

LE BARON, *à genoux.*

O mon père !....

LE COMTE.

Oui, je suis toujours ton père ; mais tes juges sont là. *(Indiquant le vieux château.)* Ainsi que toi, je suis soumis à leurs décrets

LE BARON.

J'ai mérité la mort : la loi et la nature me condamnent.

LE COMTE.

La mort serait un supplice trop doux pour un fils criminel ; ainsi l'a pensé le tribunal. Gardes, exécutez les ordres que vous avez reçus. *(Montrant Everard.)* Qu'il soit enfermé pour la vie dans le vieux château, et lorsqu'il sentira le poids des chaînes dont il avait osé charger les mains d'un père, que les larmes du repentir lui obtiennent, s'il est possible, le pardon du juge suprême de tous les mortels.

LE BARON.

Aux remords qui me déchirent, je sens, oui, je sens que ce supplice sera cent fois plus affreux que la mort. *(M.) (Il fait un mouvement comme pour demander grâce à son père ; le comte s'éloigne de lui en se cachant la figure de ses mains ; le baron sort désespéré au milieu de plusieurs gardes.)*

SCHWARTZ.

Noble comte, cessez de verser des larmes... Vous perdez un fils : *(Montrant Astolphe.)* il vous en reste un autre.

ASTOLPHE, *embrassant le comte.*

Qui ne te causera jamais de chagrin.

LE COMTE, *aux villageois.*

Mes amis, bannissez vos alarmes ; vous n'avez plus de persécuteurs. *(A Astolphe.)* Et toi, cher enfant, souviens-toi toute ta vie que le crime ne reste jamais sans punition, et la vertu sans récompense.

(1) Dans son déguisement il doit avoir une perruque et une barbe noire ; lorsqu'il change, il a la barbe et les cheveux blancs.

FIN.